AF242433

A SON EXCELLENCE

LE BARON DONZELOT,

Gouverneur et Administrateur, pour le Roi,
de l'isle Martinique.

A SON EXCELLENCE

Le Baron DONZELOT,

Gouverneur et Administrateur, pour le Roi, de l'isle Martinique.

———

Général,

La commission nommée par l'assemblée des négocians, tenue le 31 du mois de mars dernier, en vertu de l'autorisation de Votre Excellence, a été chargée de mettre sous ses yeux les moyens d'amélioration qui lui paraîtraient les plus propres à faire cesser l'état de gène dans lequel se trouve le commerce.

La commission a une tâche difficile à remplir; elle ne se flatte point d'indiquer un remède favorable à ses maux, qui ne sont pour elle que les résultats de la crise générale de tous les commerces; elle est convaincue qu'aucune prudence ne pouvait les prévenir, ni les empêcher; elle sait aussi que les moyens qu'elle ose indiquer à Votre Excellence, n'auront point un effet immédiat; mais la commission pense que ces moyens, mis à exécution, tendront sans cesse à ranimer l'aisance, à rétablir la confiance, à raviver le commerce, en lui ouvrant de nouvelles sources, et en facilitant ses transactions.

Quoique la commission soit spécialement chargée de s'occuper de ce qui concerne le commerce, elle n'oublie point que l'intérêt qui le lie à l'agriculture ne peut être divisé, que ce n'est que de leur parfait accord que peut naître le bien général.

En se reportant au temps où la colonie a été florissante, la commission a été frappée de l'énorme différence qu'a présentée la somme de l'impôt qui se percevait alors, comparée à celle qui se prélève aujourd'hui. Les revenus ne s'étant pas accrus dans la même proportion, la liquidation des créances anciennes devient impossible et l'augmentation de l'agriculture se trouve complettement arrêtée. La même observation est applicable à la ville de Saint-Pierre, quant à ses taxes particulières; elle a de plus à gémir sous les formes entravantes que le commerce rencontre dans toutes ses expéditions, et qui, dans des temps plus heureux, étaient simples et faciles. Cette perte de temps, dans un pays où le travail ne peut être assidu, ralentit tous les rapports, diminue la masse des affaires, réduit les canaux par où s'écoulent les produits du crû et de l'industrie de la métropole.

La commission convient que le fisc doit rigidement veiller à la perception de l'impôt; que les douanes sont le conservateur du commerce national; mais elle ne peut s'empêcher de déplorer l'extrême complication des formes auxquelles le commerce est soumis. Quand la contrebande devient dangereuse pour l'État, n'est-ce pas plutôt en simplifiant le système, qu'en multipliant les entraves, qu'on parvient à détruire le mal?

La commission, après avoir délibéré sur les divers moyens à proposer à Votre Excellence, comme les plus avantageux au commerce et les plus propres à lui rendre l'activité nécessaire, s'est arrêtée aux suivans :

1°. L'établissement d'une chambre de commerce;

2°. La diminution des différens droits imposés sur les caboteurs, et particulièrement sur ceux portant pavillon étranger;

3°. L'établissement d'un tribunal de commerce;

4°. La nomination de courtiers de commerce, par le Gouvernement, en les astreignant aux règlemens qui les régissent en France;

5°. L'établissement d'une banque;

6°. La concentration du commerce permis aux étrangers, par l'arrêté du 30 août 1784, dans les villes seules de Saint-Pierre et du Fort-Royal;

7°. La diminution du droit d'entrée en France sur les denrées de la colonie;

8°. La formation d'un entrepôt à la Martinique;

9°. La promulgation d'une loi qui fixe d'une manière positive le mode de remboursement des lettres de change tirées de la Martinique, et revenues à protêt.

1°. Avant la révolution, le commerce avait quatre commissaires choisis parmi les négocians les plus recommandables ; sans cesse consultés par le Gouvernement, ils lui faisaient connaître les besoins du commerce; ils indiquaient les abus qui pouvaient naître, et proposaient les moyens d'amélioration. Cette institution existe encore ; mais son influence a été détruite par une longue séparation de la mère patrie, et la domination étrangère. Le commerce n'a plus d'intermédiaire entre le Gouvernement et lui; il ne sait comment faire parvenir ses réclamations; et l'autorité se trouve souvent privée de renseignemens d'autant plus précieux pour elle, qu'ils lui offraient l'occasion de faire le bien. La commission a donc pensé, en demandant l'établissement d'une chambre de commerce, que cet établissement présentait de nombreux avantages, et que sa prompte installation fournirait à l'autorité le moyen le plus sûr de se procurer les renseignemens qui pourraient conduire à la mise à exécution des autres améliorations proposées.

2°. La France, en se réservant le commerce exclusif de ses colonies, n'en a pas moins toujours manifesté le désir de donner le plus grand essor à l'exportation des marchandises que le commerce français importe dans ces mêmes colonies. Ce n'est point la consommation seule qui alimente le commerce d'Europe : l'approvisionnement des îles voisines a été le ressort le plus actif de son importance. Sans ce débouché, vraiment considérable, tout languit ; la Martinique reste inactive et les cargaisons d'Europe se détériorent dans les magasins, faute d'acheteurs. Dans tous les temps le Gouvernement avait senti combien il était utile de favoriser les instrumens de cette branche lucrative de nos rapports avec nos voisins. Sous ce point de vue, aucune entrave, aucune taxe ne pesait sur le caboteur. Le Gouvernement savait bien qu'un commerce actif le dédommageait amplement d'un revenu qui ne pouvait être que borné, qu'il retrouvait, dans le débouché des produits des manufactures françaises, et dans les droits sur les denrées qu'importaient ces caboteurs, une compensation avantageuse.

Tel était l'esprit du Gouvernement français, dans un temps où les communications étaient faciles dans les Antilles. Devrait-il s'éloigner de ce système à une époque où les lois prohibitives de nos voisins sont devenues si sévères, où les risques, les dangers naissent à chaque pas ? La France a besoin d'exporter ses produits ; elle ne peut le faire aux Antilles que par

(5)

le moyen de caboteurs étrangers. Ces caboteurs ne sont que
les agens de son commerce ; ils ont besoin de toute la protec-
tion du Gouvernement; ils ne sauraient être trop encouragés.
Les grever de droits c'est les anéantir, c'est ruiner notre commerce dans ces mers. La commission pense donc que les
droits perçus sur les bâtimens caboteurs sont un obstacle à
l'activité du commerce et qu'ils nuisent au débouché des produits de la France.

5°. La commission n'a pas besoin de démontrer l'utilité des
tribunaux de commerce. Chacun sait combien est précieuse
cette fixité des lois qui fait naître la confiance, cette célérité
dans les décisions sans laquelle tous les rouages de la machine
commerciale s'arrêtent, cette simplicité dans les formes, cet
immense avantage d'être jugé par des Pairs. Mais en établis-
sant les tribunaux de commerce, il est indispensable de mettre
en vigueur le Code de commerce, dont quelques dispositions
ne semblent pas compatibles avec les localités. La commission
pense que cet inconvénient peut être facilement surmonté, en
retranchant quelques articles, et qu'il ne peut qu'être très-
avantageux au commerce d'avoir des tribunaux et des lois commerciales en harmonie avec ceux de la métropole.

4°. C'est dans les temps malheureux, c'est lorsque le numéraire se cache, que l'agiotage exerce son empire; le mal
croit rapidement; il est d'autant plus grand que les lois sont
impuissantes, et que ceux qui s'y livrent trouvent à se ca-
cher sous des noms empruntés, lorsqu'ils poursuivent leur
victime. La commission sent combien sont insuffisantes les
lois de répression ; elle pense cependant que l'établissement
de courtiers de commerce, brevetés et soumis à fournir un
cautionnement, qui seuls auraient droit de se mêler de transactions commerciales, qui seraient astreints aux règlemens

qui régissent les agens de change en France , diminuerait beaucoup le mal et ramènerait peut-être cette régularité si nécessaire et si oubliée aujourd'hui.

5°. Le vœu de la commission a été unanime pour exprimer son désir de voir une banque s'établir à la Martinique. Plusieurs modes d'exécution ont été tour-à-tour examinés ; tous ont offert des obstacles plus ou moins grands.

Cependant la commission a senti combien il était essentiel au bien du commerce et de la colonie de mettre un frein à l'usure , de ranimer cette ponctualité si utile dans les affaires , d'activer cette circulation prompte qui multiplie les moyens et repose sur un ressort que des craintes chimériques ne peuvent briser. Elle a donc cherché un moyen possible de se procurer l'avantage inappréciable d'une *banque* , en surmontant les obstacles qui s'opposent à son établissement. Ce moyen est entre les mains du Gouvernement ; il est dans sa garantie auprès de la Banque de France.

Voilà les bases sur lesquelles la commission pense que la banque de la Martinique pourrait être instituée.

La banque de France fournirait à la Banque coloniale un fonds de 5 millions de francs en ses billets.

Ces billets seraient fabriqués et gravés de manière à en rendre la contre-façon impossible.

Ils porteraient une empreinte qui ferait connaître qu'ils appartiennent à la banque coloniale ; ils seraient endossés par un des directeurs toutes les fois qu'ils rentreraient à la banque coloniale, et qu'ils seraient de nouveau mis en circulation.

Ces billets seraient en coupons de 1,000 , de 500 , de 200 , de 100 et de 50 francs.

Le Gouvernement cautionnerait à la Banque de France le capital émis par elle.

Les actions de la banque coloniale seraient de 5,000 fr. , et vendues par le Gouvernement aux particuliers qui fourniraient leur obligation avec deux cautions et hypothèques pour le montant des actions par eux achetées.

Toutes les garanties fournies par les actionnaires, seraient acquises à la Banque de France pour exercer son recours et opérer le remboursement de son capital exigible.

La banque coloniale escompterait les effets de commerce , conformément aux règlemens qui seraient établis ; elle donnerait en paiement les billets de banque.

Ces billets seraient reçus par elle en paiement des effets échus qui se trouveraient entre ses mains. Ceux qui, porteurs des billets de la banque coloniale , voudraient en être remboursés , le seraient par elle en traites sur la Banque de France.

Quand la banque coloniale aurait fourni des traites sur la Banque de France, elle remettrait à celle-ci une valeur équivalente , soit en traites tirées par le Gouvernement , ou par les particuliers, ou de toute autre manière prompte et convenable.

La banque coloniale payerait à la Banque de France un agio et une commission sur toutes les sommes fournies sur elle.

Elle paierait pareillement chaque année une commission de garantie sur le capital mis à sa disposition par la Banque de France.

Après prélèvement de ces sommes, la banque coloniale procéderait chaque année à la liquidation de ses comptes, et le bénéfice afférent aux actionnaires , serait remis à la Banque de France et porté chez elle au crédit de la banque coloniale.

C'est sur ce plan que la commission est d'avis que l'on peut établir une banque à la Martinique ; tout repose , comme on le voit, sur la confiance que peut avoir la Banque de France dans un tel établissement. On lui demande un crédit et la signature de ses régens pour lesquels elle recevrait des contre-garanties et une partie des bénéfices de la banque coloniale. Les sommes que la Banque de France aurait éventuellement à payer en numéraire, ne sauraient être considérables, et la banque coloniale en ayant reçu préalablement la contre-valeur en effets de commerce , ne la laisserait jamais long-temps à découvert.

La commission ne croit pas devoir s'étendre d'avantage sur cet objet qui , s'il entrait dans les vues du Gouvernement, serait de nouveau soumis à une commission chargée de rédiger les conventions et règlemens concernant la banque.

6°. L'arrêté du conseil du Roi, du 30 août 1784 , en permettant aux étrangers d'importer dans les Antilles, quelques articles que la France ne pouvait fournir à ses colonies, avait borné cette faveur pour la Martinique, à la ville seule de Saint-Pierre ; on ne peut douter que les hommes éclairés qui avaient présidé à cette décision, n'eussent apprécié sévèrement les raisons qui les avaient guidés dans cette mesure. En effet, tout semblait se réunir pour parler en faveur de cette ville. Elle seule paye les deux tiers de l'imposition ; elle seule fournit à toute la campagne. C'est chez les négocians de Saint-Pierre que l'habitant trouve tous les moyens d'exploitation. C'est chez eux qu'il trouve encore, après les disettes, après les ouragans, les ressources nécessaires pour rétablir ses manufactures renversées. Cette justice rendue à la ville de Saint-Pierre avait encore d'autres motifs : elle prévenait l'enlèvement des denrées de la colonie , l'introduction des marchandises étrangères ; elle était excitée par une raison d'économie, car il eût fallu autant de douanes que d'embarcadères, si l'on eût donné plus de latitude à ce commerce étranger.

Cependant, les révolutions, les guerres ont fait perdre de vue ces saines idées : tous les ports de la colonie ont été ouverts; ce que la nécessité et le besoin avaient commandé, est devenu un état permanent et nuisible à la ville de Saint-Pierre, sans être un avantage pour la colonie; car ce qui peut convenir à quelques habitans, ne peut l'emporter sur l'intérêt général. La commission ne disconvient pas qu'il ne soit plus commode sans doute de trouver à sa portée les articles dont les manufactures ne peuvent se passer, que de les tirer de Saint-Pierre; mais elle observe que cet avantage n'est qu'en faveur d'un très-petit nombre; que par la nature des liaisons qui existent entre la campagne et les négocians de Saint-Pierre, ceux-ci sont toujours dans la nécessité de fournir à la presque totalité des habitations. Elle observe encore que le prêt des articles qui y sont envoyés est gratis, quand on reçoit en retour un chargement de denrées coloniales; que d'ailleurs, cette mesure a pour but de rétablir le cabotage; qu'elle ne peut, en aucune manière, gêner l'approvisionnement de la colonie, puisqu'il ne s'agit nullement de repousser les étrangers, mais de les astreindre à venir dans un port de la colonie, plutôt que dans un autre; obligation qui ne fait pas quatre heures de différence dans leur navigation.

En concentrant le commerce étranger dans les villes de Saint-Pierre et du Fort-Royal, les négocians peuvent fournir à toutes les parties de la colonie avec facilité. Cette concentration fait naître un prix commun dont toute la colonie profite; le commerçant qui a l'œil ouvert sur ce qui se passe autour de lui, se livre avec assurance à des spéculations dont il peut calculer

les résultats en consultant les besoins de la colonie et les de-
mandes de la consommation générale.

Toutefois, deux membres de la commission n'ont point par-
tagé entièrement l'opinion de leurs collègues.

M. Pitault de la Rifaudière, a pensé que l'exécution de l'arrêt
de Sa Majesté, du 30 août 1784, serait très-avantageux au commerce et à l'agriculture; mais il ne croit pas que le moment soit
opportun pour demander la fermeture des ports.

M. J. Lalanne a dit que, dans l'intérêt de la colonie, il serait
à désirer que toutes les affaires commerciales fussent concen-
trées dans un seul port; mais qu'il ne pensait pas que l'ouver-
ture des ports du Fort-Royal, de la Trinité et du Marin fût une
des causes de la situation malheureuse dans laquelle se trouve
aujourd'hui le commerce de Saint-Pierre.

7°. Parmi les causes qui ont eu le plus d'influence peut être,
celle qui, plus particulièrement, a pesé sur l'agriculture et le
commerce, est le haut prix des droits d'entrée en France, sur
les denrées coloniales. La ruine de la Martinique est certaine si
le Gouvernement ne vient promptement alléger cet écrasant
fardeau. Depuis que l'île a été rendue à la France, toutes les
spéculations ont été anéanties par cette cause. Le commerce
ne peut citer aucune remise qui n'ait donné une perte plus ou
moins grande. Lorsque les sucres bruts valaient 100 fr., on ne
pouvait en réaliser le prix d'achat. Que Votre Excellence juge
donc, d'après ce qui se passe aujourd'hui, que ces mêmes sucres
ne se vendent pas 70 fr., quel avenir se prépare pour la colonie!
En vain, dira-t-on que les prix des denrées sont ici trop élevés;
mais il est un taux au dessous duquel on ne peut pas descendre,
sans amener une décadence complète de l'agriculture. La terre
doit payer l'entretien de la manufacture, la rente de la ferme et

le bénéfice du fermier; on ne peut s'écarter de ce système sans courir le risque de voir bientôt les campagnes en friche et les champs abandonnés.

Votre Excellence trouvera, dans le calcul ci-joint, la preuve évidente de ce qu'avance la commission.

Une barrique de sucre brut pesant 1000 l. net, vendue à raison de 50 f. des colonies, le quintal, donne, en francs. 277 fr. 77 c.

En l'expédiant, pour la métropole, l'habitant est sujet aux frais et droits dont l'énumération suit :

Achat de la futaille. 27 l.   s.   d. des colonies.
Fret de l'habitation
au navire. 18   »   »
   Charroi. 2   5   »
   Rabattage. 18   »   »
   Commission, 5 p.
100. 25   »   »
  Droits coloniaux. . . 21   18   6
  Dito, d'occident.. 10   »   »
                        —————————
                  122   3   6   68

Arrivé en France, il a à payer, (1)
Fret, à 12 d. . . . . 50 fr. c.
Droits, 24 fr. 75 c. 277   50
Assurance. 6   »
Menus frais. 3   »
Commission, 2 pour 100. 12   »   348 50
                                 —————————————

      Transporté. . . . . F. 694 27

---

1) Le calcul de la commission de la Martinique ne fait pas mention de l'intérêt des capitaux, ni du ducroire ; il faut ajouter, pour ces deux

Transport . . . . . .   F. 694 27 c.

Nous établirons maintenant le produit en France de cette barrique de sucre, d'après les prix courans, sur les . . . . 1,000 liv.

Il faut déduire le coulage et la différence de tarre, qui s'élève à 15 pour 100 150

Reste net. . . . . 850 l.

Vendues à 60 fr. le quintal, donnent. 484 50

Il existe donc une différence en perte de F. 209 77 sur cette barrique de sucre.

D'où il résulte que chargée par l'habitant et pour son compte, il n'obtient, en dernière analyse, que 68 francs pour 1,000 livres de sucre, ou que le négociant supporte le déficit de 209 francs 77 centimes, lorsqu'il a chargé pour le sien. Dans les colonies, l'agriculture est exposée à tant de sortes de désastres, qu'il faut que les terres donnent des produits capables de subvenir aux besoins qu'exigent souvent les événemens et les années malheureuses. Ce n'est point comme en France où les grandes catastrophes ne s'étendent guère au delà de la perte de la récolte de l'année. Aux Antilles, une épidémie vous prive de la moitié des bras nécessaires à la culture; un ouragan laisse en peu de minutes, seul au milieu des décombres, le malheureux colon qui,

---

articles, 5 pour 100 à la série des charges ; et combien ne voit-on pas souvent le fret à 24 deniers au lieu de 12 deniers auquel il est établi dans le calcul qui ne fait pas état des 10 pour 100 d'avaries qu'on paye sur le fret.

sans ressources, sans crédit, vient de voir disparaître son héri-
tage et le fruit de vingt années de pénibles travaux.

La commission doit le dire. Elle regarde la diminution des
droits d'entrée en France comme le premier moyen de faire
cesser les maux qui affligent la colonie ; elle ne peut penser que
le Gouvernement français se refuse à une mesure dont le salut
de la Martinique dépend, et qui sera sans doute vivement ré-
clamée par Votre Excellence.

8°. Les changemens politiques survenus dans les Antilles et
dans l'Amérique espagnole, l'exclusion du pavillon français de
presque tous les ports qui nous avoisinent, exigent un nouveau
système commercial, si la France veut conserver dans les îles
un débouché pour les produits de son sol et de ses manufactures. Avant la révolution, nos vins, nos huiles, nos toiles, nos
soieries se présentaient sans entraves sur tous les marchés des
colonies : aujourd'hui le continent espagnol livré à des discordes
civiles, ne nous demande plus rien ; la plupart des colonies
possédées par les Anglais, repoussent sévèrement tout ce qui
est français, et la Martinique, livrée à son seul commerce
de consommation, languit, et marche vers son anéantisse-
ment.

Cette impossibilité de prendre part au commerce de ces
mers a déjà produit de funestes effets : notre cabotage est dé-
truit, notre importation, en articles de France, a cessé presque
entièrement.

A l'époque où les Anglais furent les seuls maîtres des Antilles,
et où le commerce de l'Amérique espagnole leur fut ouvert,
ils ne négligèrent rien pour s'en emparer ; ils s'informèrent
avec soin des moyens d'y parvenir ; ils permirent en Angleterre
l'entrepôt des marchandises de Silésie, qui alors formaient la

base des cargaisons propres à ces parages ; ils protégèrent acti-
vement leur marine marchande.

Bientôt les manufactures des trois royaumes imitèrent toutes
les étoffes dont le débouché était si considérable, et aujourd'hui
l'Angleterre, maîtresse de ce commerce, fournit tous les marchés
espagnols avec le produit de ses propres fabriques. Toutefois,
ce commerce si étendu, présente en ce moment de grands
risques à ceux qui veulent pénétrer dans les ports de la Côte-
Ferme. Les résultats en ont été toujours plus avantageux, lorsque
les colonies ont attiré chez elles les commerçans espagnols ; mais
pour y parvenir, il faut leur offrir toute espèce de facilité, écarter les entraves , et qu'ils trouvent à la Martinique un marché
abondant et varié, où ils puissent satisfaire leurs goûts et les de-
mandes de leurs consommateurs. Sous ce rapport, l'exclusif sera
toujours une barrière insurmontable à notre exportation ; le
moyen de l'entrepôt est le seul qui puisse offrir un espoir rai-
sonnable de réussite ; il faut se plier à la nécessité, et céder un
instant, pour recueillir ensuite le fruit d'un sacrifice qui, bientôt, deviendra avantageux, et qui ne heurte, au fond, aucun intérêt de la métropole. L'espagnol qui vient à la Martinique ,
veut y trouver un assortiment dans tous les genres. Les circons-
tances ont influé sur ses goûts ; ce n'est que lentement qu'il
viendra à s'accommoder de nos marchandises, et à en introduire
la consommation parmi ses compatriotes. Nos tissus peuvent
entrer facilement en lice avec les étoffes étrangères ; il en est
plusieurs qui obtiendront par la suite une juste préférence ; mais
nous devons renoncer à la prétention de les présenter de prime
abord dans nos ventes, à l'exclusion de toute autre marchan-
dise.

Un entrepôt général à la Martinique est peut-être la seule

planche de salut qui nous reste; notre consommation est bor-
née; nos voisins nous repoussent; les espagnols ne fréquentent
plus nos marchés; ils n'y trouvent rien de ce qui leur manque.
Nos ventes sont nulles, et la masse de notre commerce se réduit tous les jours davantage.

L'établissement d'un entrepôt à la Martinique est un accrois-
sement de moyens commerciaux, sans nuire à la consommation
locale; il ouvre un vaste champ à la vente de nos marchandises;
il facilite l'importation des matières premières; active notre navigation, augmente le fret de nos bâtimens, et en fournissant à
nos manufactures, il enrichit le fisc et le commerce.

L'entrepôt offrira encore à la Martinique un moyen de paiement pour les articles que la France ne peut lui fournir, et
qu'elle paye en numéraire aux étrangers; moyen d'autant plus
précieux, que l'impossibilité où se trouve la colonie, de se procurer de l'argent qui lui manque, la met dans le cas de payer
fort cher la plus grande partie de ses approvisionnemens.

9°. Le dernier article sur lequel la commission désire fixer
l'attention de Votre Excellence, est l'abus qui s'est établi, rela-
tivement aux remboursemens des lettres de change, tirées de
la colonie, et revenues à protêt:

La loi dit que celui qui sera porteur d'une lettre de change
protestée, faute de paiement, en fera le retrait sur le tireur au
change de la place où la traite était payable.

Cette loi est juste, et n'a aucun inconvénient en Europe, où
l'on peut facilement faire constater le change réel à la bourse,
ou par l'entremise des courtiers; mais son application aux
transactions coloniales, qu'elle ne devait pas concerner, a
donné lieu à des difficultés sans nombre, ou forcé divers

particuliers à des sacrifices ruineux. Il n'y a point de change
entre les villes de France et la Martinique : c'est un fait po-
sitif et connu de tout le monde ; néanmoins qu'un particulier de la Martinique tire une traite et que, par des circons-
tances imprévues, cette traite ne soit pas acquittée à son échéance,
le porteur, qui connaît la marche qu'il doit suivre, ne manque
pas de faire son retrait en une nouvelle lettre de change tirée par lui sur celui qui lui avait fourni la sienne ; il fait inter-
venir un ami officieux qui est censé acheter cette traite à trente
et quarante pour cent de perte, et un courtier complaisant
atteste la sincérité de l'opération ; la traite est finalement ren-
voyée par le prétendu acheteur à celui qui en avait fait l'envoi ,
et c'est avec les pièces qui constatent cette honteuse transaction
que l'on en poursuit le remboursement. La loi ne peut pas
avoir autorisé un pareil abus.

Cependant le porteur d'une traite qui n'est point acquittée ,
est lésé dans ses intérêts ; il a droit à une indemnité ; que la loi
tienne un juste milieu entre la sévérité qu'exige la législation
des lettres de change et la douceur dont il faut user envers ceux
qui ont agi de bonne foi et que des événemens non prévus met-
tent dans le cas de rembourser leurs effets protestés.

La commission pense donc qu'il serait utile au commerce que
la loi portât que :

Toute lettre de change tirée de la Martinique sur une place
hors de l'île , et qui reviendrait à protêt après que les porteurs
auront rempli les conditions voulues par les lois du commerce
sera remboursée de la manière suivante :

1°. Le capital tel qu'il aura été stipulé dans la lettre de
change ;

2°. Dommage sur le capital à 10 pour 100;

3°. Frais de protêt, faute d'acceptation et faute de paiement;

4°. Intérêt sur le capital y compris les frais déboursés à
raison de 6 pour 100 l'an, à dater du jour de l'échéance.

Ce règlement clair préviendrait les discussions et souvent des
procès longs et dispendieux.

C'est sur ces divers points que la commission se borne à ap-
peler l'attention de Votre Excellence ; elle s'est renfermée dans
ceux qui lui ont paru les plus essentiels et les plus propres à
produire des résultats heureux ; elle n'a été dirigée dans ses ob-
servations , que par un désir sincère de contribuer à faire le
bien ; aucun motif particulier n'a influé sur son opinion ;
elle croit avoir été l'organe de tout le commerce. Il ne lui
reste qu'un vœu à exprimer : c'est celui de voir coïncider l'époque d'une amélioration pour nous avec celle où Sa Majesté
a réuni entre les mains de Votre Excellence, le gouvernement
de la Martinique et le soin du bonheur de ses habitans.

Signé GENTY, Louis JOYAU, PITAULT DE LARIFAUDIÈRE,
LALANNE, SAINT-ANDRÉ-LECHEVALIER, THOURON,
DE L'HORME, BEAUDU, Louis EYMA.

Saint-Pierre la Martinique , le   juillet 1819.

HACQUART, Imprimeur de la Chambre des Députés, rue
Gît-le-Cœur, n° 8,